Christina Braun
Polargebiete

Tessloff

Hallo!

Ich bin Karla,
die Küstenseeschwalbe.
Ich komme viel herum,
denn ich fliege im Jahr einmal um die Welt.
Ich brüte in der Gegend um den Nordpol.
Mein Winterquartier
liegt in den Gebieten am Südpol.
In den eisigen Regionen
kenne ich mich sehr gut aus.
Komm mit, lass uns gemeinsam
meine Welt entdecken!

Inhalt

Eisige
Welten

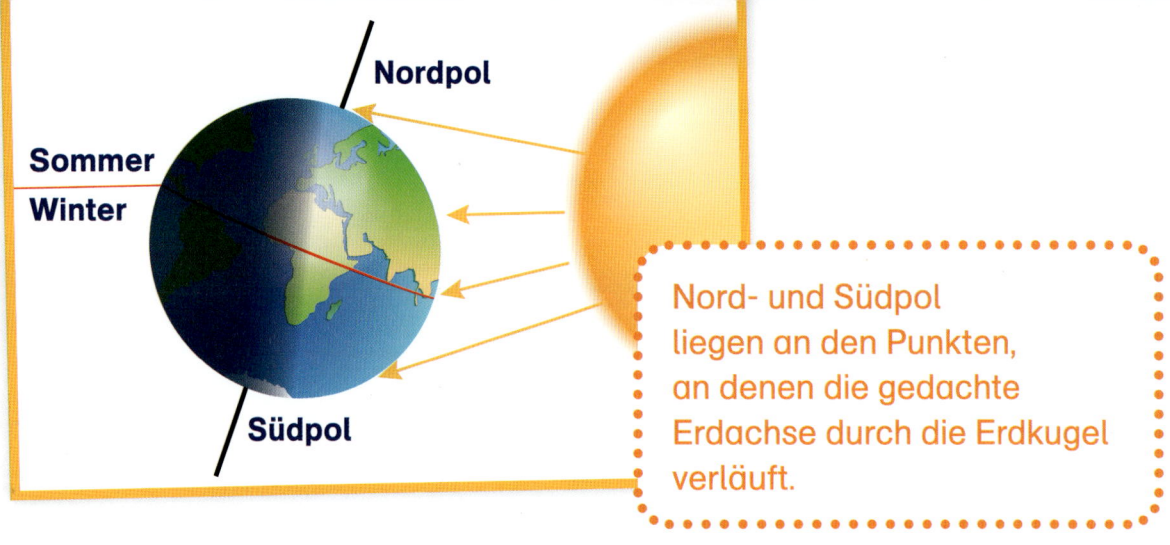

Nord- und Südpol liegen an den Punkten, an denen die gedachte Erdachse durch die Erdkugel verläuft.

Wo liegen die Polargebiete?

Rund um den Nordpol in der Arktis
und den Südpol in der Antarktis
verteilen sich riesige Eisflächen.
Obwohl an den Polen die Sonne scheint,
ist es dort eisig kalt.
Der Einfallswinkel der Sonnenstrahlen
ist viel flacher als am Äquator.
Die Lichtstrahlen haben einen längeren Weg
und verlieren an Kraft.

Hier gibt es zwei Jahreszeiten.
Die Sommer sind kurz
und die Sonne geht nicht unter.
Die langen Winter sind dunkel.
Wenn in der Arktis Sommer ist,
ist in der Antarktis Winter – und umgekehrt!

Geheimnisvolles Licht

In den dunklen Wintermonaten
kann man in der Nähe der Pole
ein besonderes Licht beobachten,
das Polarlicht.
Es zieht sich wie ein farbiger Schleier
über den Himmel.

Das Polarlicht entsteht,
wenn elektrisch geladene Teilchen der Sonne
auf Gasteilchen der Luft treffen.
Polarlichter sind an beiden Enden der Welt
zu sehen.

Ein Polarlicht kann
die unterschiedlichsten
Formen und Farben
haben.

Die Arktis

Hoch oben im Norden,

rund um den Nordpol, liegt die Arktis.

Zwei Drittel der Fläche bestehen aus Meer.

Das Nordpolarmeer ist im Winter

von einer meterdicken Eisschicht bedeckt.

Zahllose Inseln und die nördlichen Teile

von Europa, Nordamerika und Asien

gehören ebenfalls zur Arktis.

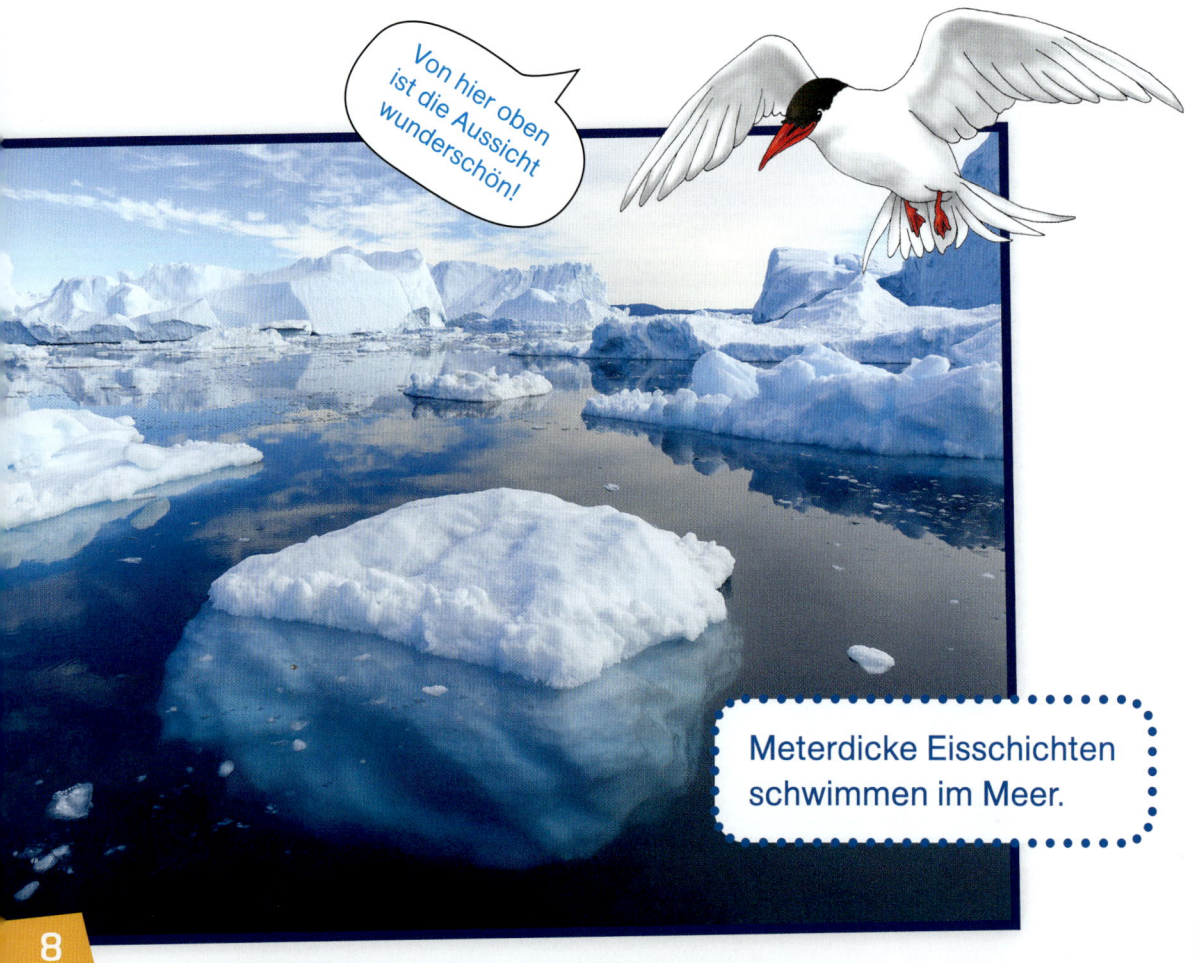

Von hier oben ist die Aussicht wunderschön!

Meterdicke Eisschichten schwimmen im Meer.

Wo beginnt die Arktis?

Es gibt keine genaue Linie,
an der die Arktis beginnt.
Die häufigste Einteilung besagt,
dass die Arktis nördlich der Baumgrenze liegt.
Eine andere Einteilung
zählt die Gebiete zur Arktis,
in denen es im Monat Juli
kälter als zehn Grad Celsius ist.

Hast du gewusst ...

... dass die Bezeichnung Arktis
sich vom altgriechischen Wort für Bär
ableitet? Geografisch liegt die Arktis unter
den Sternbildern Großer und Kleiner Bär.
Die Sternbilder kennst du vielleicht auch
unter dem Namen Großer und Kleiner Wagen.

Die Antarktis

Antarktis

Am anderen Ende der Erdkugel
liegt der Südpol.
Er befindet sich in der Mitte
des Kontinents Antarktika.
Dieser Kontinent besteht aus Landmasse.
Er ist fast vollständig
von einem dicken Eispanzer bedeckt.
Auch die Meere rund um den Südpol
zählen zur Antarktis.

In der Antarktis gibt es auch Berge.
Der höchste von ihnen, der Mount Vinson,
ist 4897 Meter hoch.

Weiße Wüste

Der Kontinent Antarktika
ist die größte Eiswüste der Welt.
Hier wurde die bisher niedrigste Temperatur
auf der Erde gemessen:
unvorstellbare minus 98 Grad Celsius!
Es gibt nur sehr wenig Niederschlag
und häufig toben Stürme über den Kontinent.

Diese lebensfeindliche Umwelt
ist nicht dauerhaft von Menschen bewohnt.
Nur Wissenschaftler und Forscher
kommen für eine begrenzte Zeit hierher.

In einem Schutzzelt übernachten die Wissenschaftler auf dem Eis.

Eis hat verschiedene Formen

In den Polargebieten gibt es jede Menge Eis.

Eis besteht aus gefrorenem Wasser.

Es kann ganz unterschiedlich sein,

je nachdem, wo und wie es sich gebildet hat.

Gletscher

Das Eis der **Gletscher** besteht aus Schnee,
der vor vielen Jahren gefallen ist.
Der Schnee taut nicht.
Der ältere Schnee liegt ganz unten
und wird immer fester zusammengedrückt.
Schließlich entsteht daraus Eis.
In Grönland oder der Antarktis können
Gletscher kilometerdick sein.
Bricht von einem Gletscher ein Stück ab
und fällt ins Meer, nennt man das Kalben.

Kalben

Als **Schelfeis** bezeichnet man
riesige Eisplatten aus Süßwasser,
die auf dem Meer schwimmen.
Bricht von so einer Platte etwas ab,
entsteht ein Tafeleisberg.

Schelfeis

Eisberg

Mmh, am liebsten mag ich Schokoeis!

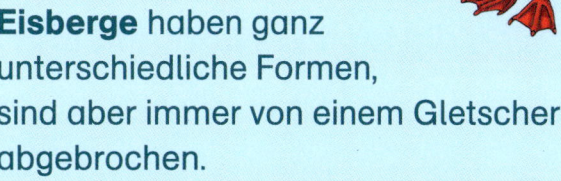

Eisberge haben ganz unterschiedliche Formen, sind aber immer von einem Gletscher abgebrochen. Nur ein kleiner Teil liegt über dem Wasser. Den Rest sieht man nicht. Deshalb sind Eisberge für die Schifffahrt so gefährlich.

Wenn Meereis gefriert, entstehen zuerst feine Eisnadeln. Bei unruhiger See bilden sich runde, tellerartige Formen – das **Pfannkucheneis**.

Pfannkucheneis

Packeis

Wenn Wind und Meeresströmung kleinere Eisschollen zusammenschieben, entsteht **Packeis**. Der Eispanzer wird bis zu acht Meter dick.

Menschen im ewigen Eis

Die bekanntesten Bewohner der Arktis
sind die Inuit in Grönland und Kanada.
Sie lebten früher als Nomaden
und gingen auf die Jagd.
Aus dem Fell der erlegten Tiere
stellten sie ihre Kleidung her.
Hast du gewusst, dass das Wort „Anorak"
aus der Sprache der Inuit stammt?

Heute leben die meisten Inuit in Holzhütten.
Manche haben ihre Heimat verlassen,
um in größeren Städten zu leben.

In der Antarktis leben keine Menschen.
Hier ist es viel zu kalt.

Eine moderne Siedlung der Inuit, umgeben von Eis und Schnee.

Hast du gut aufgepasst? Dann ran ans Lesequiz!

Karlas Lesequiz

1 **Wie fallen die Sonnenstrahlen am Nordpol ein?**

a) Kerzengerade

b) Flach

c) Die Sonne scheint dort nicht.

2 **Was liegt unter der Eisschicht der Antarktis?**

a) Unter dem Eis liegt ein Kontinent.

b) Darunter liegt nichts, nur Wasser.

c) Die Antarktis ist ein zugefrorener See.

3 **Wie nennt man es, wenn ein Stück eines Gletschers abbricht und ins Meer stürzt?**

a) Muhen

b) Mähen

c) Kalben

Lösung: 1b), 2a), 3c)

Tiere und Pflanzen
in den Polargebieten

Der mächtige Blauwal
ist das schwerste Tier
der Welt.

Die Riesen der Meere

Im kalten Wasser der Arktis
finden sich im Frühjahr und Sommer
zahlreiche Wale ein.
Die riesigen Säugetiere kommen hierher,
wenn das Meereis im Frühjahr zurückgeht.
Nur dann können sie
an die Oberfläche kommen,
um zu atmen.
Den Winter verbringen die Wale im Süden.

Der Buckelwal ist in allen
Weltmeeren zu Hause.
Den Sommer verbringt er
in den Polarmeeren.
Dort findet er genügend Futter
und frisst sich
eine dicke Fettschicht an.

Buckelwal

Grönlandwal

Der Grönlandwal ist ein Dickschädel!
Mit seinem Kopf kann er
wie ein Eisbrecher
dünnere Eisdecken durchstoßen.
Eine dicke Speckschicht
schützt ihn vor dem kalten Wasser.

Der Weißwal wird auch Beluga
genannt. Die helle Farbe ist
eine gute Tarnung.

Beluga

Hast du gewusst ...

... dass alle Wale, die in den Polarregionen
unterwegs sind, keine Rückenflosse haben?
Die Flosse könnte zwischen Eisplatten
eingeklemmt werden.

Pinguine sind gute Schwimmer.
Sie jagen im Wasser
nach Fischen.

Tauchende Flitzer

Der Lebensraum der Pinguine
ist die südliche Erdhalbkugel.
In der Antarktis leben sieben Pinguinarten.
Sie sind perfekt an das Leben
im eisigen Meer angepasst.
Die Vögel können nicht fliegen,
aber sie sind sehr flinke Schwimmer.
Ihr Gefieder besteht aus wärmenden Daunen
und ist wasserdicht.

Pinguine leben in Kolonien zusammen.
Sie brüten zusammen, jagen gemeinsam
und wärmen sich gegenseitig.

Gemeinsames Kuscheln
hält die Pinguine warm.

Kaiserpinguin

Adeliepinguin

Goldschopfpinguin

Unterschiedliche Frackträger

Die Kaiserpinguine bauen keine Nester,
sie brüten direkt auf dem Eis.
Damit das Ei nicht auskühlt,
halten es die Eltern auf ihren Füßen
und wärmen es in ihrer Bauchfalte.

Adeliepinguine tragen lange Schwanzfedern.
Die weißen Ringe um ihre Augen
und der kleine Schnabel
sind ihr Kennzeichen.

Der Goldschopfpinguin hat lange,
goldfarbene Federn auf der Stirn.
Sie wachsen ab einem Alter
von etwa einem Jahr.

Auch unter Wasser hat der Eisbär die Augen geöffnet.

Gefährliches Raubtier

Der Eisbär ist der König der Arktis.
Auf allen vieren
schreitet er über das Eis
und hält Ausschau nach Beute.
Er verspeist am liebsten Robben,
Fische und Walrosse.

Eisbären und Pinguine können sich nie begegnen. Sie leben auf unterschiedlichen Seiten der Erde.

An Land und im Wasser

Der schnelle Jäger kann
bis zu 35 Stundenkilometer rennen.
Schwimmhäute zwischen seinen
Vorderpfoten machen ihn zu einem
ausgezeichneten Schwimmer.

Die kräftigen Pfoten des Eisbären
wirken unter Wasser
wie kleine Paddel.

Gut angepasst

Der Einzelgänger ist perfekt
an ein Leben in der Kälte angepasst.
Eine dicke Fettschicht wärmt den Eisbären.
Die Haut unter seinem Fell ist schwarz.
Sie nimmt die Sonnenwärme sehr gut auf.
Die Deckhaare des Fells sind innen hohl
und mit Luft gefüllt.
Das hält den Eisbären warm.
Seine Tatzen sind auf der Unterseite behaart.
Diese Haare sorgen dafür,
dass der Bär auf dem Eis nicht rutscht,
und wärmen ihm die Pfoten.

Am Kopf des Eisbären
siehst du ein Stück
der schwarzen Haut.

Zum Luftholen kommt
die Weddellrobbe
an die Wasseroberfläche.

An Land und im Wasser

Robben leben hauptsächlich
in polaren Gebieten.
An Land bewegen sie sich langsam,
aber im Wasser sind sie schnelle Jäger.

Robben leben in Kolonien zusammen.
Sie legen sich auf das Eis oder Steine,
um sich in der Sonne zu wärmen.
Ihre Jungen ziehen sie an Land groß.

Alle Robben fressen Fleisch.
Sie ernähren sich von Krill und Fischen.
Je nach Robbenart sind auch Muscheln,
Schnecken oder Tintenfische dabei.

Die Ringelrobbe
genießt die Sonnenstrahlen
auf dem Eis.

Hoch im Norden

Die Ringelrobbe ist in der Arktis häufig.

Ihr Name kommt von den hellen Ringeln.

Am liebsten hält sie sich im Wasser auf.

Sattelrobben sind schnelle Schwimmer.

Das Fell der jungen Sattelrobben ist weiß.

So sind sie auf dem Eis gut getarnt.

Tief im Süden

In der Antarktis lebt der Südliche See-Elefant.

Er legt bis zu 80 Kilometer am Tag zurück

und kann bis zu 2000 Meter tief tauchen.

Hast du gewusst ...

... dass die 1,5 Tonnen schweren Walrosse
sich mit ihren auffälligen Stoßzähnen
selbst aus dem Wasser ziehen können?

Überleben in eisigen Welten

Um in der eiskalten Arktis zu überleben,
nutzen Tiere unterschiedliche Taktiken.

Der Polarfuchs und der Polarhase
tragen im Winter ein weißes Fell.
So sind sie im Schnee gut getarnt.
Außerdem ist das Winterfell sehr dicht
und hält die Tiere warm.
Im Sommer ist ihr Fell braun
und sie fallen nicht auf.

Der Polarhase
und der Polarfuchs
passen ihr Fell
an die Jahreszeiten an.
So sind sie immer
gut getarnt.

Ein Rudel
wird vom Leitwolf
angeführt.

Gemeinsam sind wir stark

Andere Tiere setzen auf die Gemeinschaft.
Polarwölfe leben in Rudeln zusammen
und gehen gemeinsam auf die Jagd.
So können sie größere Tiere
wie Rentiere oder Moschusochsen erlegen.

Auch Rentiere leben in Herden zusammen,
denn die Gruppe bietet Schutz vor Angreifern.
Auf der Suche nach Futter
unternehmen Rentiere weite Wanderungen.
Einzelne Kleingruppen schließen sich dafür
zu einer Riesenherde zusammen.

Dank ihrer breiten Hufe
versinken Rentiere
nicht im Schnee.

Hoch in der Luft

Im Sommer taut das Eis der Arktis auf.

Dann bilden sich viele Pfützen und Sümpfe.

Dort legen Fliegen und Mücken ihre Eier ab.

Sie sind für viele Vögel ein Leckerbissen.

Millionen von Zugvögeln kommen
im Sommer in die Arktis, um zu brüten.

Der Papageientaucher brütet
mit vielen anderen Artgenossen
in Kolonien.
Er fängt Fisch für sich
und seinen Nachwuchs.

Papageientaucher

An steilen Hängen brütet
der Papageientaucher.

Albatros

Echte Rekordhalter

Auch in der Antarktis gibt es Vögel.

Sie leben am Rand der Eisdecke

und können alle lange in der Luft bleiben.

Der Albatros ist ein Riese.

Die Spannweite seiner Flügel

beträgt 3,50 Meter.

Beim Landen stolpert der Albatros leicht

und macht dann einen Purzelbaum.

Ich bin
ein Flugschläfer!

Hast du gewusst ...

... dass die Küstenseeschwalbe

während des Flugs schlafen kann?

Eine der beiden Gehirnhälften schläft,

während die andere wach bleibt

und die Richtung beibehält.

29

Plankton sind Kleinstlebewesen, die sich durch die Meeresströmung fortbewegen.

Winzlinge im eiskalten Wasser

Das eiskalte Wasser der Polarmeere
ist die Heimat vieler Tiere und Pflanzen.
Manche sind so winzig,
dass man sie mit bloßem Auge
nicht erkennen kann.
Sie werden Plankton genannt
und sind die Nahrungsgrundlage für viele Tiere.

Fische, Vögel, Robben
und der mächtige Blauwal
ernähren sich von Kleinstkrebsen.
Diese Krebse nennt man Krill.

Etwa 900 Kilogramm Krill
frisst ein Blauwal
an einem einzigen Tag.

Krill

Ein Taucher filmt
die Antarktische Riesenqualle
unter dem Eis.

Giganten im Eismeer

Fast einen Meter Durchmesser
hat der Schirm der Antarktischen Riesenqualle.
Sie jagt mit ihren Tentakeln Plankton.

Tief unten im Meer findet man
den fast zwölf Meter langen Riesenkalmar.
Die Beute fängt er mit seinen zehn Armen.
Bei Gefahr schießt er blitzschnell davon.

Hast du gewusst ...

... dass einige Fische, Algen und Bakterien
einen körpereigenen Frostschutz haben?
So können sie im eisigen Wasser überleben.

Die Pflanzen
in den Polargebieten
sind nur wenige
Zentimeter hoch.

Blühende Sommer

Während der kurzen Sommermonate
sind Teile der Arktis und Antarktis eisfrei.
Pflanzen nutzen die wenigen Sonnenstrahlen
und die karge Landschaft
verwandelt sich in ein Blumenmeer.

Die meisten Pflanzen der Polargebiete
sind klein und blütenlos.
In den gefrorenen Böden
können sich keine tiefen Wurzeln bilden,
die den Pflanzen Halt geben.
Bäume und höhere Sträucher gibt es hier nicht.

Selbst auf Steinen wachsen die Flechten.

Klein, aber oho

In den Polarregionen findet man
vor allem niedrig wachsende Bodendecker.
Dazu gehören Moose und Flechten.
Beide nehmen Wasser schnell auf,
können aber auch austrocknen,
ohne dabei abzusterben.
Sie sind richtige Überlebenskünstler!

Bunter Schnee

In Gletschern und auf Schneefeldern
gedeihen Schneealgen.
Taut der Schnee im Sommer auf,
wachsen die Algen und färben
den weißen Untergrund rot, gelb und grün.

Schnee, der von Algen rot gefärbt wird, nennt man auch Blutschnee.

Pflanzen der Arktis

Die Pflanzen der Arktis blühen nur im Sommer.

In der kargen Landschaft bleiben sie klein.

Ihre Samen müssen die Pflanzen

in einem kurzen Zeitraum verbreiten.

Rentierflechte

Die **Rentierflechte**
ist die Leibspeise
der Rentiere.
Sie fressen täglich
etwa zwei Kilogramm
dieser trockenen Pflanze.

Arktische Weide

Sie sieht nicht so aus,
aber die **Arktische Weide**
ist ein kleiner Strauch.
Sie wächst flach am Boden.
So kann sie den eisigen Winden
standhalten.

Himmelsleiter

Die **Himmelsleiter**
heißt auch Jakobsleiter.
Im Juli und August
hat sie hübsche blaue Blüten.

Kalksandkraut

Das **Kalksandkraut**
bildet flache Kissen und
duftet sehr angenehm.

Arktischer Mohn

Der **Arktische Mohn** ist ein Sonnenfänger.
Seine Blüte dreht sich immer zur Sonne,
sodass die Samen in kürzester Zeit reifen.
Die Samen werden durch den Wind
verbreitet.

Zwergbirke

Die **Zwergbirke**
heißt auch Polarbirke.
Sie wird nur etwa
einen Meter groß.
Im Herbst färbt sich
ihr Laub gelborange.

Pflanzen der Antarktis

In der Antarktis findet man
nur zwei einheimische Samenpflanzen.
Auf Felsen und im Geröll wachsen Flechten.

Antarktische Perlwurz

Die **Antarktische Perlwurz**
wächst in Büscheln
und wird etwa fünf bis zehn
Zentimeter hoch.

Die **Antarktische Schmiele**
ist ein Süßgras.
Es wächst wie ein Polster
und kann bis zu 30 Zentimeter
hoch werden.

Antarktische Schmiele

Hast du gut aufgepasst? Dann ran ans Lesequiz!

Karlas Lesequiz

1 **Wer ist der König der Arktis?**

a) Der Kaiserpinguin

b) Die Königskobra

c) Der Eisbär

2 **Was für ein Tier ist der Beluga?**

a) Der Beluga ist ein Weißwal.

b) Er ist ein Bär der Antarktis.

c) Das ist ein Fisch, der in der Tiefsee lebt.

3 **Was fressen die meisten Meeresbewohner?**

a) Kroll

b) Krill

c) Krull

Lösung: 1c), 2a), 3b)

Forscher
und Abenteurer

Amundsens Route

Die Nordwestpassage im Nordpolarmeer verbindet den Atlantik mit dem Pazifik.

Aufbruch ins Eismeer

Bereits im 16. Jahrhundert wagten Seefahrer sich ins nördliche Eismeer vor. Sie waren auf der Suche nach dem Seeweg von Europa nach Asien. Aber das meterhohe Packeis war für die Expeditionen unüberwindbar.

Roald Amundsen

Dem Norweger Roald Amundsen gelang im Jahr 1906 die Nordwestpassage, die Durchfahrt der Meerenge zwischen Grönland und Kanada.

Der erste Mensch am Nordpol

Die Männer mussten sich alle ganz warm anziehen.

Natürlich war auch der Nordpol
ein Ziel für abenteuerlustige Entdecker.
Zahlreiche Expeditionen versuchten,
den Nordpol zu erreichen.

Im Jahr 1909 verkündete
der Amerikaner Robert Peary,
zu Fuß den Nordpol erreicht zu haben.
Bis heute gibt es allerdings Zweifel,
ob er wirklich am geografischen Nordpol war,
denn er hatte keine Beweise hierfür.

Ganz sicher weiß man,
dass der Brite Walter William Herbert
es 1969 zu Fuß zum Nordpol geschafft hat.

Die Ausrüstung
der Peary-Expedition
wird auf Schlitten
verladen.

Mit Skiern und Schlitten bewegten sich die Entdecker über das Eis.

Die Entdeckung des Südpols

Der britische Seefahrer James Cook
war der Erste, der um 1775
den südlichen Polarkreis überquerte.
Er sah Eisberge und Pinguine,
aber den antarktischen Kontinent
betrat er nicht.

Erst am Ende des 19. Jahrhunderts
machten sich die ersten Expeditionen auf.
Ein wahres Wettrennen entbrannte.
Jeder wollte der Erste am Südpol sein.
1907 brach der Brite Ernest Shackleton auf,
um als erster Mensch den Südpol zu erreichen.
Rund 180 Kilometer vor dem Ziel
musste er erschöpft aufgeben.

Kopf an Kopf

1911 lieferten sich zwei Expeditionen
einen regelrechten Wettlauf zum Südpol.
Der britische Kapitän Robert F. Scott
und der Norweger Roald Amundsen
wollten beide als Erste den Südpol erreichen.

Amundsen erreichte als erster Mensch
den südlichsten Punkt der Welt.
Als Zeichen, dass er am Pol war,
stellte er die norwegische Fahne auf.

Robert F. Scott kam
vier Wochen später am Südpol an.
Seine Enttäuschung war groß,
als er die norwegische Flagge
seines Konkurrenten im Eis wehen sah.

Amundsen und Scott
wählten unterschiedliche
Routen zum Südpol.
Der Norweger
erreichte das Ziel
am 14. Dezember 1911.

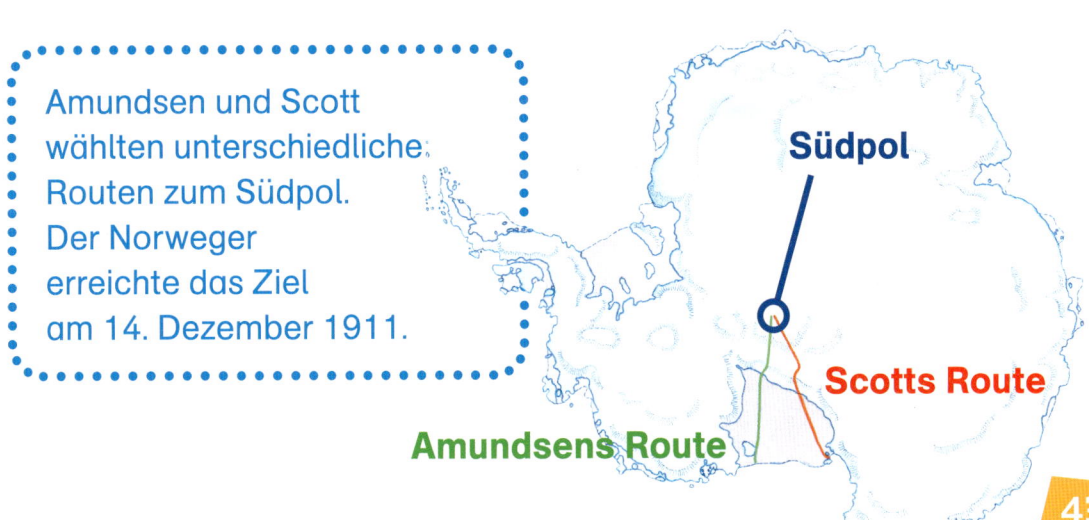

Südpol

Scotts Route

Amundsens Route

Dicke Schneeanzüge schützen die Forscher vor der eisigen Kälte.

Polarforschung heute

Um das Klima zu verstehen,

ist die Forschung in der Arktis und Antarktis

von großer Bedeutung.

Zum Klima zählt man die Temperatur,

den Niederschlag und die Luftfeuchtigkeit.

Wissenschaftler untersuchen alles an Land,

im Wasser und in der Luft.

Dafür fahren sie auf Schiffen durchs Eis

oder leben auf einer Forschungsstation.

Sie sammeln Klimadaten

oder messen die Bewegungen der Erdplatten.

So können Erdbeben vorhergesagt werden.

Wie dick ist das Eis?

Forscher notieren seit vielen Jahrzehnten
die Temperaturen in den Polargebieten.
In den letzten 30 Jahren
ist es in der Arktis und Teilen der Antarktis
immer wärmer geworden.
Das Eis schmilzt
und geht mehr und mehr zurück.

Bei Bohrungen in den Gletschern erfahren
die Wissenschaftler viel
über das Klima der letzten Jahrtausende.
Im Eis ist die Asche von Vulkanausbrüchen
oder uralter Blütenstaub eingeschlossen.

Mit einem riesigen Bohrer
werden Proben
aus dem Gletschereis
genommen.

Hast du gewusst ...

... dass es im Eis von Leben wimmelt?
Forscher tauen die Proben auf und
untersuchen sie im Labor.

Auf dem Forschungsschiff „Polarstern“

Mit dem deutschen Forschungsschiff „Polarstern“
sind viele Wissenschaftler,
zum Beispiel Meeresforscher und Biologen,
in der Arktis und Antarktis unterwegs.
An Bord des Schiffes ist Platz
für 55 Wissenschaftler und 43 Mann Besatzung.

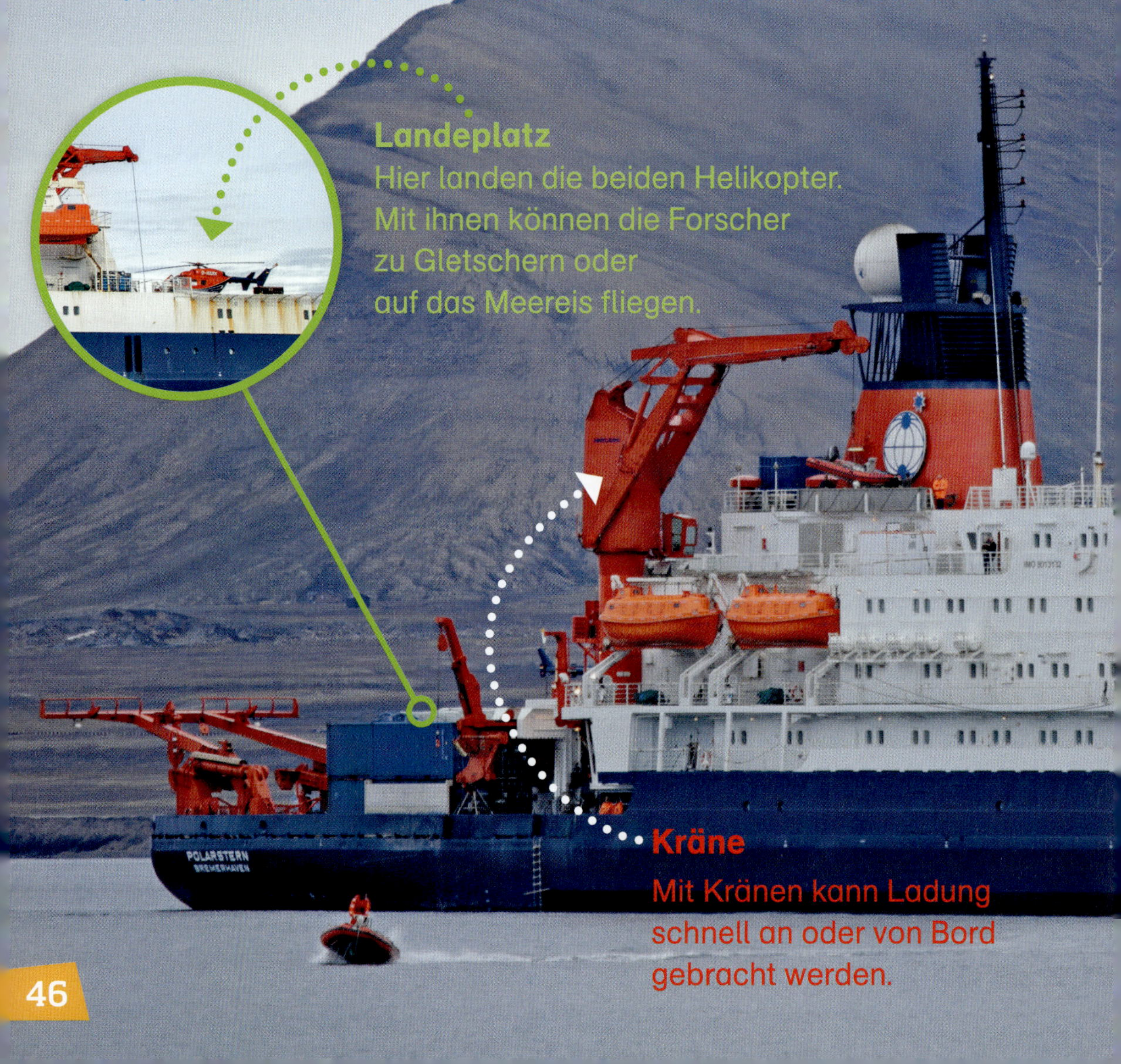
Landeplatz
Hier landen die beiden Helikopter. Mit ihnen können die Forscher zu Gletschern oder auf das Meereis fliegen.
Kräne
Mit Kränen kann Ladung schnell an oder von Bord gebracht werden.
POLARSTERN
BREMERHAVEN

Satellitenantennen

Über die Antennen ist das Schiff
mit der ganzen Welt verbunden.
Die Forscher erhalten
wichtige Wetterdaten.

Brücke

Als Brücke bezeichnet man
die Kommandozentrale
des Schiffs.
Hier arbeitet der Kapitän
mit seinen Offizieren
und steuert das Schiff.

Labore

Auf dem Schiff gibt es
fünf Trockenlabore
und zwei Nasslabore.
Die Forscher können an Bord
ihre Untersuchungen durchführen.

POLARSTERN

Forschen im ewigen Eis

Die deutsche Neumayer-Station III
ist eine von ungefähr 85 Forschungsstationen
in der Antarktis.
Seit 2009 erforschen Wissenschaftler hier
das Wetter und das Klima.

Die ganze Station ist aus Containern gebaut.
Darin sind Wohn- und Schlafräume, Küche,
Funkraum und Sanitärräume untergebracht.

Im Sommer leben bis zu 50 Menschen hier.
Im Winter ist die Station
mit neun Menschen besetzt.

In der Tiefgarage
unterhalb der Station
parken Pistenbullys
und Motorschlitten.

Hast du gut aufgepasst? Dann ran ans Lesequiz!

Karlas Lesequiz

1 **Welcher Mensch war als Erster am Südpol?**

a) Ernest Shackleton

b) Roald Amundsen

c) Robert F. Scott

2 **Wer lebt heute in der Antarktis?**

a) Einige Forscher

b) Die Inuit

c) Niemand

3 **Wie heißt das deutsche Schiff, das die Polarregionen erforscht?**

a) Polarstern

b) Polarlicht

c) Polarsonne

Lösung: 1b), 2a), 3a)

Polargebiete
in Gefahr

Warum sind die Pole so wichtig?

Für das Klima auf der Erde
spielen die Polarregionen eine wichtige Rolle.
Die kalte Luft und das kalte Wasser
an den Polen wirken wie eine Klimaanlage
für unseren Planeten Erde.

Durch Wind und Meeresströmungen
gelangt das kalte Polarwasser
bis zum Äquator.
Es kühlt nicht nur die Polargebiete,
sondern auch Teile von Afrika
und Südamerika.

Meeresströmungen kannst du dir wie riesige Flüsse vorstellen.

Hast du gewusst ...

... dass die größte Meeresströmung der Erde im Südpolarmeer verläuft?
Sie transportiert gewaltige Mengen Wasser und ist für das Klima sehr wichtig.

Die riesigen Eisflächen
reflektieren das Sonnenlicht
und sorgen ebenfalls dafür,
dass es auf der Erde nicht zu heiß wird.

Helle Flächen reflektieren
die Sonnenstrahlen.
Das Meer nimmt
die Sonnenwärme auf.

1984

2012

Die Eisflächen der Arktis werden seit knapp 30 Jahren immer kleiner.

Das Klima im Wandel

Sicherlich hast du vom Klimawandel gehört.

Forscher warnen davor,

dass sich unsere Erde zu stark erwärmt.

Das Eis in den Polargebieten schmilzt.

Wissenschaftler vermuten,

dass das Nordpolarmeer bereits

in wenigen Jahrzehnten im Sommer

eisfrei sein könnte.

Das hat Folgen für viele Tiere und Pflanzen:

Der Eisbär würde aussterben.

Er braucht das Meereis,

um darauf zu jagen.

Bereits heute findet er

in der Arktis kaum noch

genügend Nahrung.

Überschwemmungen
sind Folgen der Veränderungen
des Klimas.

Folgen für den Menschen

Auch der Mensch
ist vom Klimawandel betroffen.
Wenn die riesigen Eismassen schmelzen,
steigt der Meeresspiegel.
Tief liegende Inseln und Küstenregionen,
die auf Höhe des Meeresspiegels liegen,
könnten überschwemmt werden.

Auch starke Regenfälle
können Folgen der Klimaerwärmung sein.
Höhere Temperaturen führen zu
Trockenheit und Dürre.

Wenn der Meeresspiegel steigt,
werden Inseln in der Südsee
überschwemmt.

Um die Tier- und Pflanzenwelt zu schützen,
sollen nicht zu viele Schiffe durch die Polargebiete fahren.

Der Schutz der Pole

Die eisigen Welten sind bedroht.
Darum gibt es strenge Regeln,
was in der Arktis und Antarktis erlaubt ist.

In der Arktis sind kleinere Gebiete
unter Schutz gestellt worden.
Dort darf nicht gefischt werden
und die Förderung von Erdöl und Erdgas
ist verboten.

In die Antarktis dürfen keine fremden Tiere und
Pflanzen mitgebracht werden.
Bodenschätze dürfen nicht abgebaut werden.

Jeder kann dem Klima helfen

Das schädliche Gas Kohlendioxid
ist der Hauptverursacher
des Klimawandels.
Es entsteht, wenn Kohle, Benzin,
Erdöl oder Gas verbrannt werden.
Darum ist Energiesparen so wichtig.
Licht aus, wenn du nicht im Zimmer bist.
Das Rad statt das Auto nehmen,
den Zug statt das Flugzeug.

Jeder kann beitragen, das Klima zu schützen.
Schon viele kleine Maßnahmen helfen!

Wenn du das Rad nimmst,
statt dich mit dem Auto
fahren zu lassen,
schützt du das Klima.

Sag mal,
Karla ...

**... ist es nicht anstrengend, jedes Jahr
so eine weite Strecke zu fliegen?**

Nein, nicht für mich! Ich mag den Sommer lieber
als den Winter. Daher bin ich im Sommer
in der Arktis. Und wenn es dort zu kühl wird,
fliege ich zum Südpol. Denn dort ist dann
Sommer, wenn bei euch hier in Deutschland
Winter ist.

**Was ist dir in den letzten Jahren
bei deinen Flügen aufgefallen?**

Ich sehe, dass die Eisflächen kleiner werden.
Es ist immer noch viel Eis da, aber
es wird eben weniger. Das kommt vom
Treibhauseffekt. Er sorgt dafür, dass sich
die Erde stärker erwärmt. Dadurch schmilzt
auch das Eis.

Aber wärmere Temperaturen sind doch gut?

Naja, das ist nicht so leicht zu beantworten.
Auf der Erde hängt alles zusammen.
Wird es wärmer, gibt es nicht so viel Krill.
Sein Lebensraum ist das kalte Wasser.
Dadurch finden Fische, Wale und Robben
weniger zu fressen. Und damit fehlt dann
auch den Eisbären Nahrung. Es ändern sich
nur Kleinigkeiten, doch manche haben
große Auswirkungen.

Hast du einen Lieblingsplatz auf der Erde?

Oh ja! Ich finde die Arktis wunderschön.
Wenn die Sonne sich in den Eisbergen spiegelt,
die Wale in Ruhe schwimmen und die Eisbären
friedlich durch den Schnee tapsen,
dann ist das meine Erholung.

Ich bin weit oben in der Luft und kann nicht
gefressen werden.

Danke Karla! Und gute Reise!

Hast du gut aufgepasst? Dann ran ans Lesequiz!

Karlas großes Lesequiz

1 **Was liegt unter dem Eis der Arktis?**

a) Darunter liegt ein ganzer Kontinent.

b) Man findet dort ein Unterwasserboot.

c) Darunter ist nichts, nur Wasser.

2 **Wo beginnt die Arktis?**

a) Sie beginnt nördlich des Polarkreises.

b) Sie beginnt nördlich der Baumgrenze.

c) Sie beginnt nördlich des Äquators.

3 **Welcher ist der kälteste Kontinent?**

a) Arktis

b) Asien

c) Antarktis

Lösung: 1c), 2b), 3c)

4 **Wie nennt man einige der Ureinwohner der Arktis?**

a) Aborigines

b) Indianer

c) Inuit

5 **Wo brüten Kaiserpinguine ihre Jungen aus?**

a) Das Ei wird in einem Nest ausgebrütet.

b) Das Ei wird auf den Füßen der Eltern ausgebrütet.

c) Das Ei liegt in einer Schneekuhle.

6 **Zu welcher Tierklasse gehören Pinguine?**

a) Zu den Fischen.

b) Zu den Säugetieren.

c) Zu den Vögeln.

Lösung: 4c), 5b), 6c)

7 **Welche Farbe hat die Haut des Eisbären?**

a) Sie ist rosa.

b) Sie ist schwarz.

c) Sie ist weiß.

8 **Wie heißt eine häufige Robbenart?**

a) Tüpfelrobbe

b) Graurobbe

c) Ringelrobbe

9 **Was wechselt der Polarfuchs im Sommer?**

a) Seinen Bau

b) Sein Fell

c) Seine Zähne

10 Was ist die Leibspeise der Rentiere?

a) Heu

b) Gras

c) Flechten

11 Wer war der erste Mann am Nordpol?

a) James Cook

b) Robert Peary

c) Ernest Shackleton

12 Wie heißt eine deutsche Forschungsstation in der Antarktis?

a) Schlaumayer I

b) Eismayer II

c) Neumayer III

Lösung: 10c), 11b), 12c)

Christina Braun
Unsere Erde

TESSLOFF

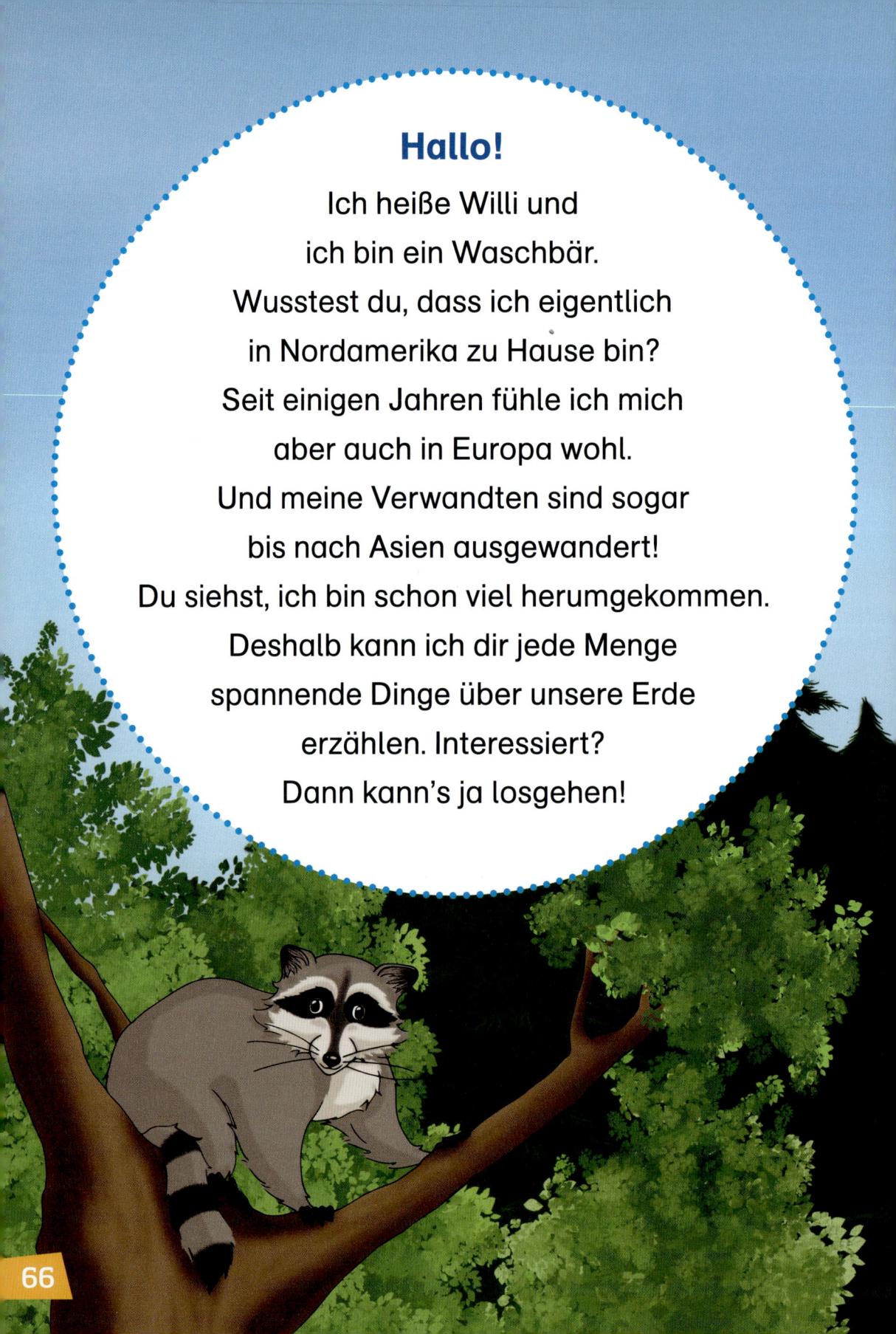

Hallo!

Ich heiße Willi und
ich bin ein Waschbär.
Wusstest du, dass ich eigentlich
in Nordamerika zu Hause bin?
Seit einigen Jahren fühle ich mich
aber auch in Europa wohl.
Und meine Verwandten sind sogar
bis nach Asien ausgewandert!
Du siehst, ich bin schon viel herumgekommen.
Deshalb kann ich dir jede Menge
spannende Dinge über unsere Erde
erzählen. Interessiert?
Dann kann's ja losgehen!

Inhalt

Der Blaue Planet

Die Erde

Zwischen unendlich vielen Sternen
und Planeten schwebt sie im Weltall:
unsere Erde.
Eigentlich ist sie nur ein Planet von vielen.
Aber trotzdem ist sie einzigartig.

Für Astronauten
im Weltall sieht
die Erde so aus.

Wie jeder Planet dreht sich
auch die Erde um einen Stern.
Dieser Stern ist die Sonne.
Sie ist eine heiße Kugel aus Gas.
So gibt sie Licht und Wärme
an die umliegenden Planeten ab.

Erde

Acht Planeten kreisen um die Sonne.

Unser Sonnensystem

Neben der Erde drehen sich noch
sieben weitere Planeten um die Sonne.
Sie heißen Merkur, Venus, Mars, Jupiter,
Saturn, Uranus und Neptun.
Alle acht Planeten und die Sonne
bilden unser Sonnensystem.

Wie ist die Erde entstanden?

Ganz schön alt,
unsere Erde.

Unsere Erde ist schon sehr alt,
etwa 4,6 Milliarden Jahre.
Unzählige kleine Himmelskörper,
Gas- und Staubteilchen
schwirrten damals um die Sonne.
In Tausenden von Jahren
haben sich die Teilchen nach und nach
zu Gesteinsbrocken verklumpt.
Nach vielen Millionen Jahren entstand
aus einem dieser Brocken unsere Erde.

Zuerst war die Erde
ein glühend heißer Ball.

Erst heiß, dann nass

Am Anfang war die Erde ein glühender Klumpen.

Sie bestand aus heißem, flüssigem Gestein.

Es dauerte viele Millionen Jahre,

bis sich die Oberfläche abgekühlt hatte.

Aus dem heißen Gestein war

die Erdkruste entstanden.

Dann regnete es viele Tausend Jahre lang

und es bildeten sich riesige Ozeane.

Vor 3,5 Milliarden Jahren

entwickelten sich schließlich

die allerersten Lebewesen.

Hast du gewusst ...

... dass die Erde eine ganz
besondere Kraft hat? Man nennt sie
Erdanziehungskraft oder Schwerkraft.
Sie bewirkt, dass alle Dinge auf
der Erde nach unten fallen, also in
Richtung Erdmittelpunkt.

Solche Landschaften gibt es nur auf der Erde. Einzigartig!

Einzigartige Erde

Nur auf der Erde können Menschen,
Tiere und Pflanzen überleben.
Doch warum ist das so?

Die Erde und die Sonne haben genau
den richtigen Abstand zueinander.
So ist es auf der Erde nicht zu heiß
und auch nicht zu kalt.

Da haben wir ja richtig Glück gehabt mit unserem Planeten!

Die Erde ist außerdem
der einzige Planet
mit flüssigem Wasser.
Ohne Wasser gäbe es auch
auf der Erde keine Lebewesen.

Eine Hülle aus Luft

Rund um die Erde liegt eine Lufthülle.

Das ist die Atmosphäre.

Sie enthält den wichtigen Sauerstoff,

den wir zum Atmen brauchen.

Im Vergleich zur Erdkugel

ist die Atmosphäre nur sehr dünn.

Stell dir vor, die Erde wäre ein Apfel.

Die Schale wäre dann die Atmosphäre.

Stratosphäre

Etwa in der Mitte dieser Luftschicht
liegt die Ozonschicht.
Sie filtert gefährliche Strahlung
aus dem Sonnenlicht.

Troposphäre

Sie ist die unterste Schicht
der Atmosphäre.
Hier entsteht unser Wetter.

Exosphäre

In der Exosphäre gibt es kaum noch Luft. Daher können Satelliten dort besonders gut kreisen. Nach der Exosphäre beginnt der Weltraum.

Thermosphäre

Manchmal kann man an den Polen Polarlichter beobachten. Sie entstehen hier.

Ozonschicht

Mesosphäre

In sternenklaren Nächten kann man hier öfter Sternschnuppen am Himmel sehen.

Die Sonne bringt Leben

Die ersten Sonnenstrahlen
erwärmen im Frühling den Boden.
Die Pflanzen beginnen zu wachsen.
Auch wir Menschen genießen
die Wärme und das Licht.
Die Erde ist weit genug
von der Sonne entfernt.
So schaden ihr die Strahlen nicht.

Tag und Nacht

Unsere Erde dreht sich einmal am Tag
um ihre eigene Achse.
So wird immer nur ein Teil der Erde
von der Sonne beschienen.
Dadurch entstehen Tag und Nacht.

Die Erde liegt
im Schatten.
Gute Nacht!

Auf der Seite
der Erde,
die im Schatten
liegt, ist Nacht.

Erdachse

Tag

Nacht

Sonne

Äquator

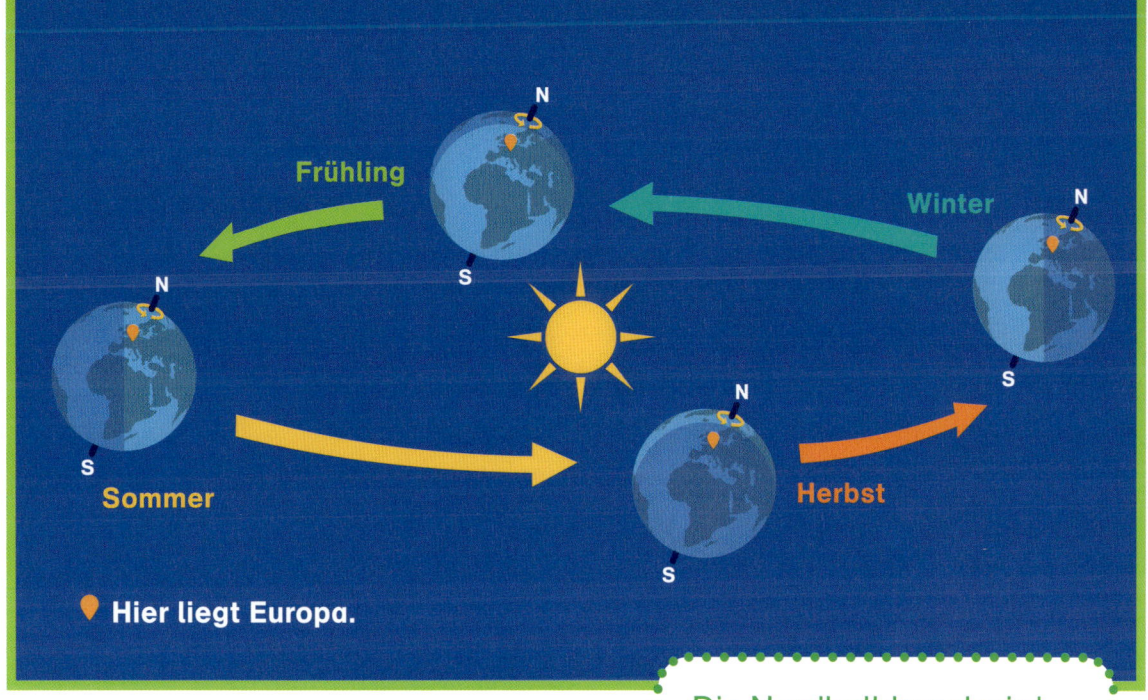

Frühling

Winter

Sommer

Herbst

Hier liegt Europa.

Die Jahreszeiten

Die Erde dreht sich aber
nicht nur um sich selbst.
Sie kreist auch um die Sonne.
Für eine Runde braucht sie ein Jahr.
Die Erdachse steht schräg zur Umlaufbahn.
So wird entweder die Nordhalbkugel
oder die Südhalbkugel mehr beschienen.
Dadurch entstehen bei uns die Jahreszeiten.

Hast du gewusst ...

... dass es am Äquator
keine Jahreszeiten gibt?
Dort ist es das ganze Jahr über warm.

Mount Everest

Rekordverdächtig!

Der höchste Berg der Erde
ist der Mount Everest mit 8848 Metern.
Die tiefste Stelle liegt im Marianengraben
im Pazifischen Ozean.
Sie befindet sich 10994 Meter
unter der Meeresoberfläche.

Marianengraben

Antarktis

Den kältesten Ort der Welt
findet man in der Antarktis.
Dort werden Temperaturen
von bis zu minus 98 °C gemessen.
Der heißeste Ort der Welt liegt
in der Wüste Dascht-e Lut im Iran.
Dort kann es bis zu 70,7 °C heiß werden.

Wüste Dascht-e Lut

Äquator

Am Äquator hat die Erde einen Umfang
von rund 40075 Kilometern.
Das Gewicht der Erde ist so groß,
dass man es sich kaum vorstellen kann.
Sie wiegt etwa sechs Trilliarden Tonnen.
Das ist eine Sechs mit 21 Nullen!

Hast du gut aufgepasst? Dann ran ans Lesequiz!

Willis Lesequiz

1 **Die Erde ist …**

a) ein Stern.

b) ein Planet.

c) ein Atom.

2 **Wie entstehen Tag und Nacht?**

a) Die Sonne dreht sich um die Erde.

b) Die Sonne dreht sich um den Mond.

c) Die Erde dreht sich um die eigene Achse.

3 **Wie heißt die Luftschicht, die die Erde umgibt?**

a) Atmosphäre

b) Atmosfähre

c) Athmosfäre

Lösung: 1b), 2c), 3a)

Die Erde
innen und außen

Im Inneren der Erde

Unsere Erde ist innen glühend heiß.

Je tiefer man vordringt, desto heißer wird es.

Schon in drei Kilometern Tiefe
sind es etwa 200 Grad Celsius.

Die Erde besteht aus drei Schichten:
der **Erdkruste**, dem **Erdmantel**
und dem **Erdkern**.

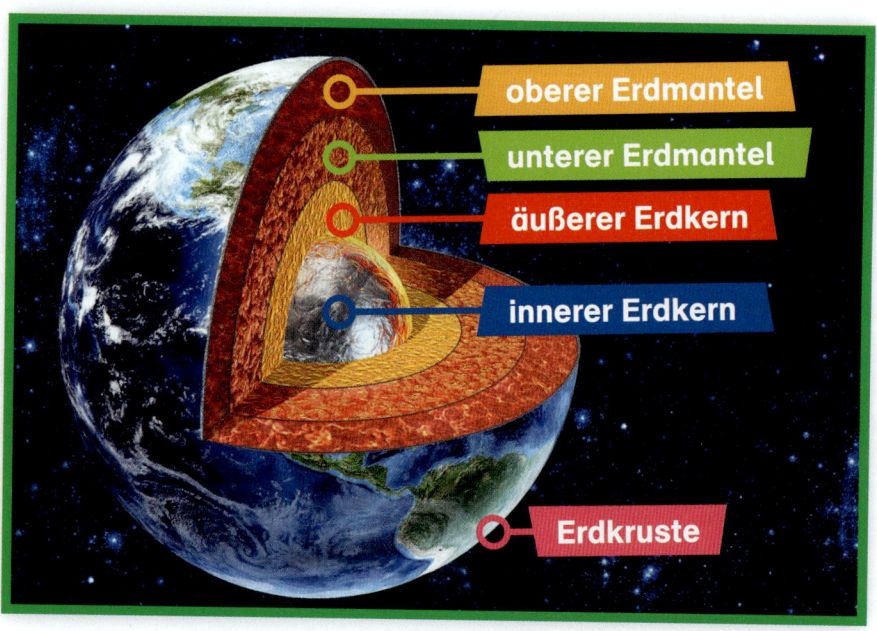

oberer Erdmantel

unterer Erdmantel

äußerer Erdkern

innerer Erdkern

Erdkruste

Die **Erdkruste** liegt direkt unter unseren Füßen.

Sie umgibt die Erde wie eine dünne Hülle.

Hier liegen die Kontinente und Ozeane.

Die Erdkruste ist nur etwa 40 Kilometer dick.

Unter der Erdkruste
liegt der **Erdmantel**.
Er ist die dickste Schicht
unserer Erde.
Der **untere Erdmantel** ist fest.
Im **oberen Erdmantel**
gibt es eine Schicht
aus glühend heißem,
zähflüssigem Gestein.
Darauf schwimmen die Teile der Erdkruste
wie Eisschollen auf dem Meer.
Im Erdmantel herrschen Temperaturen
zwischen 400 und 3 500 Grad Celsius.

Die heiße, flüssige Masse aus dem Erdinneren heißt Magma.

Ganz schön heiß in unserer Erde, oder?

Der **äußere Erdkern** ist flüssig –
ein Meer aus heißem Eisen und Nickel.
Darin dreht sich der **innere Erdkern**.
Er ist eine riesige Kugel
aus festem Metall
und bis zu 6 000 Grad Celsius heiß.
In dieser Kugel liegt der Mittelpunkt der Erde
in 6 378 Kilometern Tiefe.

Juan-de-
Fuca-Platte

Eurasische Platte

Nordamerikanische
Platte

Pazifische Platte

Arabische
Platte

Phillippinische
Platte

Karibische
Cocos- Platte
platte

Südamerikanische
Platte

Afrikanische
Platte

Nazca-
Platte

Indisch-Australische
Platte

Antarktische
Platte

Scotiaplatte

Die Kontinentalplatten

Wie ein Puzzle

Die Erdkruste ist keine glatte Hülle
wie bei einem Ballon oder Ball.
Sie besteht auch nicht aus einem Stück,
sondern aus mehreren Erdplatten,
auch Kontinentalplatten genannt.

Diese Kontinentalplatten schwimmen
auf der zähflüssigen Schicht
des Erdmantels.
Sie sind immer in Bewegung.
Manche bewegen sich aufeinander zu,
andere voneinander weg.

Tauchen zwischen Erdplatten:
Auf Island ist das möglich.

Nordamerikanische Platte

Eurasische Platte

Hoch und tief

Allerdings sind die Platten

nicht glatt und eben.

Sie bestehen aus Höhen und Tiefen,

aus Bergen und Tälern.

Im Laufe von vielen Tausend Jahren

hat sich in den Tälern Wasser gesammelt.

Das sind heute unsere Weltmeere.

Die Erhöhungen der Platten

bilden die Kontinente.

Hast du gewusst ...

... dass die Kontinentalplatten auch Erdbeben
verursachen können? Manchmal stoßen zwei
Platten zusammen. Dann kommt es zu einer
heftigen Spannung auf der Erdoberfläche.
Wenn sich die Spannung löst, bebt die Erde.

Sieben Kontinente

Vor über 250 Millionen Jahren gab es
nur einen einzigen, riesigen Kontinent.
Man nannte ihn Pangäa.
Doch die Landmasse zerbrach
erst in zwei und dann in mehrere Teile.
Das sind die sieben Kontinente,
wie wir sie heute kennen.

Nordamerika
Der drittgrößte Kontinent der Erde
ist Nordamerika. Zu ihm zählen Länder
wie die Vereinigten Staaten von Amerika,
Kanada und Mexiko.

In **Südamerika** wächst der größte
tropische Regenwald der Erde.
Er liegt rund um den Äquator.
Im Süden des Kontinents
ist es dagegen kälter.
Von hier bis zur Antarktis sind es
nämlich nur 800 Kilometer.

Antarktika liegt um den Südpol herum
und ist der südlichste und kälteste Kontinent.
Das Land ist das ganze Jahr mit Eis bedeckt.

Europa ist der Kontinent, auf dem wir leben. Obwohl Europa eher klein ist, gehören 47 verschiedene Länder dazu.

Asien ist der größte Kontinent der Erde. Hier leben die meisten Menschen. Zurzeit hat Asien über vier Milliarden Einwohner.

Australien ist der kleinste Kontinent der Erde. Nur hier leben Beuteltiere in freier Wildbahn, zum Beispiel Kängurus und Koalabären.

In **Afrika** gibt es viele verschiedene Landschaften: grüne Regenwälder, heiße Wüsten und trockene Steppen. In Afrika heißen diese Steppen Savannen.

Die Alpen – ein Unfall

Vor über 100 Millionen Jahren gab es
auf der Erde einen Unfall mit Folgen.
Die Afrikanische und die Eurasische Erdplatte
stießen zusammen.
Durch den Aufprall wurde das Gestein
der Erdoberfläche zusammengeschoben.
Es türmte sich auf.
So sind die Alpen entstanden.

Alpen

Zwei Erdplatten
stoßen aufeinander.
Sie schieben
dabei das Gestein
zusammen.

Afrika und Europa bewegen sich
immer noch aufeinander zu.
So wachsen die Alpen immer weiter –
jedes Jahr etwa einen Millimeter.

So entstehen Vulkane

Die meisten Vulkane
liegen an den Rändern
der Kontinentalplatten.
Hier gibt es Spalten in der Erdkruste.
Durch sie kann Magma
aus der Erde nach oben steigen.
Es ist glühend heiß.
An der Erdoberfläche kühlt es ab
und wird wieder fest.
So werden die Vulkane
im Laufe der Zeit immer größer.

Auf der ganzen Welt gibt es
ungefähr 1 500 aktive Vulkane.

Aus diesem
aktiven Vulkan
steigt eine
Aschewolke auf.

Das Magma strömt
aus dem Vulkan.
Wenn es an die
Erdoberfläche gelangt,
nennt man es Lava.

Schätze im Boden

Braunkohle

Im Boden der Erde liegen
viele wertvolle Rohstoffe.
Man nennt sie Bodenschätze.
Dazu gehören Erdöl, Erdgas oder Kohle.
Wenn man diese Stoffe verbrennt,
wird dabei Energie freigesetzt.
Wir Menschen heizen damit
zum Beispiel unsere Wohnungen.
Aus Erdöl kann man Benzin herstellen.

Eisenerz

Im Gestein der Erdkruste findet man
Metalle wie Kupfer oder Eisen.
Diese Rohstoffe nennt man auch Erze.
Einige seltene Metalle werden zum Beispiel
bei der Herstellung von Handys verwendet.

Kupfererz

Auf dieser Bohrinsel
in der Nordsee
wird Öl gefördert.

The Big Hole

Mal schauen, ob ich auch einen Bodenschatz finde!

Dieses riesige Loch war einmal eine Diamantenmine in Südafrika.

Echt wertvoll!

Auch Gold, Silber und Diamanten
kann man im Boden finden.
Sie werden in großen Minen abgebaut
und zum Beispiel zu Schmuck verarbeitet.

Die größten Diamantenminen der Welt
findet man in Russland, Australien
und Afrika.
Die Diamanten sind
vor Millionen von Jahren
tief im Erdinneren entstanden.
Durch Vulkanausbrüche werden sie
an die Erdoberfläche befördert.
Deshalb findet man auch Diamanten
im Gestein erloschener Vulkane.

Rohdiamant

geschliffener Diamant

Viel, viel Wasser

Pflanzen und Tiere können nur
mithilfe von Wasser überleben.
Und auch für uns Menschen
ist Wasser lebenswichtig.
Wusstest du, dass wir Menschen selbst
zu etwa 70 Prozent aus Wasser bestehen?

Die Oberfläche unserer Erde
ist ebenfalls zu fast zwei Dritteln
mit Wasser bedeckt.
Deshalb wird die Erde auch
der Blaue Planet genannt.

Korallenriff

Hast du gewusst ...

... dass alle Meere der Welt
miteinander verbunden sind?
Sogar das Mittelmeer und die Ostsee
haben einen schmalen Zugang
zu den Ozeanen.

Kein Wasser geht verloren

Auf der Erde geht kein Wasser verloren.
Das liegt am Kreislauf des Wassers.

Durch die Sonnenstrahlen verdunstet
Wasser aus den Meeren, Flüssen und Seen.
Es steigt als Wasserdampf in die Luft.
Oben kühlt der Wasserdampf wieder ab.
Es entstehen winzige Wassertropfen.

Aus diesen Tropfen bilden sich Wolken.
Irgendwann sind die Wolken zu schwer.
Dann fällt das Wasser als Regen
oder Schnee zurück auf den Boden.
Dort gelangt es ins Grundwasser,
kommt als Quelle wieder an die Oberfläche
oder fließt in Flüssen ins Meer zurück.

Wolken entstehen.

Es regnet.

Wasser verdunstet.

Wasser versickert.

So entstehen Ebbe und Flut

Ebbe und Flut, die Gezeiten,

kannst du gut an der Nordsee beobachten.

Bei Ebbe zieht sich das Wasser zurück.

Nach etwa sechs Stunden kommt die Flut

und das Wasser kehrt wieder.

Verantwortlich dafür ist der Mond.

Er zieht das Wasser wie ein Magnet an.

So entsteht ein kleiner Wasserberg: die Flut.

Auch auf der anderen Seite der Erde

bildet sich jetzt eine Flut.

Dafür sorgt die Fliehkraft der Erde.

Sie entsteht dadurch,

dass sich die Erde um sich selbst dreht.

Bei Ebbe liegt der Meeresboden frei. Das Watt ist zu sehen.

Willis Lesequiz

1 **Wie heißt der kleinste Kontinent der Erde?**

a) Asien

b) Australien

c) Europa

2 **Wie sind die Alpen entstanden?**

a) Durch den Zusammenstoß
   zweier Erdplatten.

b) Durch einen Vulkanausbruch.

c) Durch das Aufplatzen der Erdkruste.

3 **Wer sorgt für Ebbe und Flut auf der Erde?**

a) Der Mars.

b) Die Sonne.

c) Der Mond.

Lösung: 1b), 2a), 3c)

Leben
auf der Erde

Alles begann im Wasser

Als die Erde entstand,

gab es noch keine Tiere und Pflanzen.

Sie kamen erst im Laufe

von vielen Millionen Jahren dazu.

Die ersten Lebewesen waren Einzeller.

Sie entwickelten sich im Wasser.

Einzeller sind winzig klein

und bestehen nur aus einer Zelle.

Ein Mensch besteht aus 100 Billionen Zellen.

Einzeller konnten nicht besonders viel.

Sie schwammen umher und fraßen.

Sie ernährten sich wahrscheinlich

von den Mineralien im Wasser.

Viele Zellen können mehr

In Millionen von Jahren entwickelten sich
aus den Einzellern die Vielzeller.
Sie konnten schon viel mehr.
Die einzelnen Zellen hatten nun
verschiedene Aufgaben.
Manche nahmen Nahrung auf,
andere sorgten für die Verdauung.
Und wieder andere waren
für die Fortbewegung verantwortlich.

Qualle

Schwamm

Noch mehr Leben

Aus den Vielzellern entstanden
die ersten wirbellosen Tiere
wie Schwämme oder Quallen.
Bald tummelten sich die ersten Krebse
auf dem Meeresboden.
Und schließlich schwammen
die ersten Fische durch die Meere.

Versteinerung

Solche Krebse aus der
Urzeit lebten schon
vor 500 Millionen
Jahren in den Meeren.

Aus dem Wasser an Land

Während im Meer schon viel los war,
gab es an Land noch kein Leben.
Dort war es lange Zeit viel zu heiß.
Und es gab zu wenig Wasser.

Die ersten
Wasserpflanzen
waren Algen.

Grünalgen

Lebermoos

Farn

Nach und nach besiedelten
die ersten Pflanzen das Land.
Aus ihnen entstanden Moose und Farne.
Das trockene, dürre Land wurde
grün und fruchtbar.

Mit der Zeit wurden die Pflanzen größer.
Die ersten Bäume wuchsen auf der Erde.
Sie wurden bis zu acht Meter hoch.
Sie hatten aber weder Nadeln noch Blätter.

Die Tiere gehen an Land

Fische waren die ersten Tiere,

die sich an Land wagten.

Sie waren auf der Suche nach Nahrung.

Manche konnten sogar an Land atmen.

Ihre Flossen waren so kräftig wie Beine.

Mit der Zeit entwickelten sich

aus den Fischen Landtiere.

So entstanden Amphibien, Reptilien

und schließlich die ersten Säugetiere.

Die Dinos kommen!

Etwa 170 Millionen Jahre lang

bevölkerten die Dinosaurier die Erde.

Vor etwa 65 Millionen Jahren starben

die riesigen Echsen aber plötzlich aus.

Vermutlich, weil ein Meteorit

auf der Erde einschlug.

Die meisten Dinosaurier überlebten

diese Katastrophe nicht.

Der Archäopteryx
ist der Vorfahr
unserer Vögel.

Nicht nur der Mensch, sondern auch Menschenaffen wie Orang-Utans und Schimpansen sind mit Lucy verwandt. Auch der Mensch zählt zu den Menschenaffen.

Forscher glauben, dass Lucy so ausgesehen haben könnte.

Die ersten Menschen

Erst viel, viel später erschienen
die ersten Menschen auf der Erde.
Eine unserer ältesten Vorfahren ist Lucy.
So haben Forscher das Skelett getauft,
das sie 1974 in Afrika gefunden haben.

Über Millionen von Jahren
entwickelte sich der Mensch weiter.
Lucys Nachfahren wurden immer geschickter.
Sie konnten mit ihren Händen arbeiten
und stellten einfache Werkzeuge
aus Stein her.

Auf zwei Beinen

Vor allem lernte der Mensch
aufrecht zu gehen.
Das war ein großer Vorteil.
So hatte er seine Umgebung
viel besser im Blick.

Der Homo sapiens
wusste schon,
wie man Feuer macht.

Damit konnte er gefährliche Tiere
und andere Feinde schneller entdecken.

Hinaus in die Welt

Der moderne Mensch, der Homo sapiens,
entwickelte sich vor 200 000 Jahren in Afrika.
Von dort aus eroberte er die ganze Welt.
Das dauerte natürlich sehr lange –
ohne Flugzeuge, Autos oder Fahrräder.
Der Homo sapiens ging zu Fuß.

Hast du gewusst ...

... dass auch wir heutigen Menschen zum
Homo sapiens gehören? Der Begriff ist lateinisch
und bedeutet so viel wie „weiser Mensch".

Sesshaft werden

In der Steinzeit zogen die Menschen
als Jäger und Sammler umher.
Sie suchten Schutz in Höhlen,
denn sie besaßen noch keine Häuser.

Gegen Ende der Steinzeit begannen
die Menschen sesshaft zu werden.
Sie bauten sich einfache Hütten,
pflanzten Getreide an und hielten sich Tiere.
Diese Zeit begann vor ungefähr 10 000 Jahren.

Aus den Hütten wurden Häuser
und kleine Dörfer.
Aus den Dörfern entwickelten sich Städte.
So besiedelte der Mensch die ganze Erde.

Höhlenmalerei und Werkzeugfunde zeigen uns, wie die Menschen in der Steinzeit lebten.

Hast du gut aufgepasst? Dann ran ans Lesequiz!

Willis Lesequiz

1 **Was waren die ersten Lebewesen?**

a) Quallen

b) Fische

c) Einzeller

2 **Welchen Namen hat unsere älteste Verwandte?**

a) Mary

b) Lucy

c) Katy

3 **Wie zogen die Menschen in der Steinzeit umher?**

a) Als Jäger und Sammler.

b) Als Fischer und Angler.

c) Als Maurer und Maler.

Lösung: 1c), 2b), 3a)

Unsere Erde –
mal heiß, mal kalt

Die Klimazonen der Erde

Das Klima auf unserer Erde ist vielfältig.
Mal ist es eisig kalt, mal trocken und heiß.
Oder feucht und warm mit viel Regen.
Je näher eine Region am Äquator liegt,
desto wärmer ist es dort.
Wenn man weiter zu den Polen wandert,
wird es dagegen immer kälter.

Das kann ich alles für meine Weltreise gebrauchen!

Wissenschaftler teilen die Erde
in fünf große Klimazonen ein.
Innerhalb einer Zone kommt immer
das gleiche, typische Klima vor.

- Polare Zone
- Subpolare Zone
- Gemäßigte Zone
- Subtropen
- Tropen

Die Sonne und das Klima

Aber wieso gibt es überhaupt
unterschiedliche Klimazonen?
Das liegt an der Sonne
und ihrem Stand zur Erde.

Die verschiedenen Gebiete der Erde
werden unterschiedlich stark
von der Sonne beschienen.
Dabei kommt es auf den Winkel an,
mit dem das Sonnenlicht auf die Erde trifft.
Am Äquator kommen die Strahlen
das ganze Jahr über steil und senkrecht an.
Am Nordpol und am Südpol dagegen
fallen sie nur flach ein.
Auf diese Weise entstehen wärmere
und kältere Zonen auf der Erde.
Das sind die Klimazonen.

...de Kälte

...pol und am Südpol ist es eisig kalt.
...e Sonnenstrahlen treffen hier
schräg auf die Erde.
Deshalb hat die Sonne nur wenig Kraft.
Sie kann die **Polarzone** kaum wärmen.

Arktis

Antarktis

Das Gebiet rund um den Nordpol
nennt man Arktis.
Um den Südpol herum liegt die Antarktis.
Die Antarktis ist ein Kontinent.
Sie wird auch Antarktika genannt.
Die Landmasse ist das ganze Jahr über
von einer dicken Eisschicht bedeckt.
Die Arktis ist kein Kontinent,
sondern ein Meer.

Pinguine

Eisbären

Warm eingepackt

In den eisigen Gebieten der Polarzone
ist es immer frostig und kalt.
Doch auch hier gibt es viele Tiere.
Sie sind gut an das Leben im Eis angepasst.
In der Arktis leben zum Beispiel die Eisbären.
Ihr dichtes Fell und die dicke Fettschicht darunter
schützen sie perfekt vor der Kälte.

In der Antarktis tummeln sich Pinguine.
Sie gehören zwar zu den Vögeln,
können aber nicht fliegen.
An Land sind sie unbeholfen und tapsig.
Doch im Wasser sind sie sehr gute Taucher
und geschickte Fischjäger.

Hast du gewusst ...

... dass die Antarktis für Klimaforscher sehr wichtig ist?
Sie nehmen Proben aus dem Eis und erfahren so
viel über das Klima und wie es sich verändert.

Kalt und karg

Auf die Polarzone folgt
die sogenannte **subpolare Zone.**
Die meiste Zeit des Jahres liegt Schnee,
denn der Winter ist lang und sehr kalt.
Der Sommer ist nicht viel wärmer
und dauert nur wenige Wochen.

Rentier

Die Tundra

Die Tundra ist eine typische Landschaft
in der **subpolaren Zone**.
Hier ist der Erdboden
das ganze Jahr über gefroren.
Man nennt das auch Permafrostboden.
In der Tundra wachsen
nur niedrige Pflanzen wie Moose,
Flechten und kleine Sträucher.

Tundra

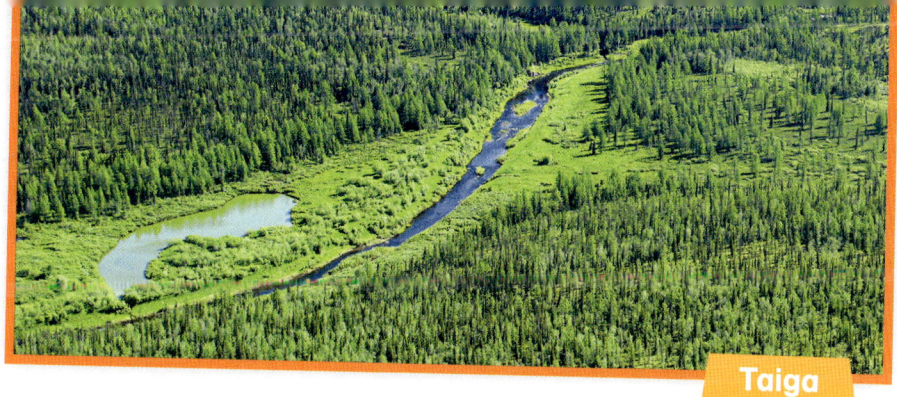

Taiga

Die Taiga

Ein breiter Streifen mit dichtem Nadelwald
liegt südlich der Tundra
auf der Nordhalbkugel der Erde.
Das ist die Taiga.

Hier wachsen vor allem Fichten,
Kiefern, Lärchen und Tannen.
Sie sind alle sehr schlank.
So brechen die Äste
unter den Schneemassen
in den langen Wintern
nicht so leicht ab.

Wolf

Elch

Bär

In der Taiga leben
Elche, Wölfe, Luchse, Bären
und viele andere Säugetiere.
Etwa 300 Vogelarten haben hier ihre Heimat.
Während des kurzen Sommers
gibt es außerdem unzählige Insekten.

Mal warm, mal kalt

Hitze im Sommer und Kälte im Winter.
Erste warme Tage im Frühling
und bunte Wälder im Herbst.
So ist das Klima in der **gemäßigten Zone**.

Das alles kommt dir bekannt vor?
Kein Wunder, denn wir in Mitteleuropa
leben in dieser Klimazone.
Nur in der gemäßigten Zone
gibt es vier Jahreszeiten,
wie wir sie kennen.

Herbst

Frühling

Sommer

Winter

Bergwiese

In der gemäßigten Zone ist die Natur besonders vielfältig.

Junge Amseln

Leben mit den Jahreszeiten

Das Leben der Tiere
in der gemäßigten Zone
richtet sich nach den Jahreszeiten.
Sobald im Frühjahr die ersten Knospen
an den Pflanzen zu sehen sind,
bekommen viele Tiere ihre Jungen.
Im Laufe des Sommers
wachsen die Jungtiere heran.
Im Herbst und Winter können sie
dann allein überleben.

Hast du gewusst ...

... dass im Norden von Japan
und im Süden von Australien
auch das gemäßigte Klima herrscht?

Heiß und trocken

Warst du schon einmal im Urlaub
in Italien oder in Griechenland?
Dann warst du in den **Subtropen**.
Dort ist es im Winter sehr mild und feucht.
Die Sommer sind heiß und lang.

In den Subtropen gibt es viele Wüsten.
Auch die Savannen in Afrika liegen hier.

Savanne

Die Sahara

Im Norden Afrikas liegt die Sahara,
die größte Trockenwüste der Welt.
Sie besteht aus Stein und Geröll
und aus viel, viel Sand.
Die Tiere und Pflanzen in der Wüste
müssen sehr erfinderisch sein.
Denn hier gibt es nicht viel Wasser.

Kaktus

Geniale Wasserspeicher

Kakteen sind typische Wüstenpflanzen.
Sie können Wasser besonders gut speichern.
Statt Blättern besitzen Kakteen Dornen.
So können sie nicht so leicht
gefressen werden.

Kühlende Ohren

Der Wüstenfuchs,
auch Fennek genannt,
beherrscht einen tollen Trick:
Über seine großen Ohren gibt er
Wärme einfach nach außen ab.
So steuert er seine Körpertemperatur
und kann die Hitze in der Wüste
gut aushalten.

Fennek

Tropischer Regenwald

Hitze und viel Regen

Rund um den Äquator liegen die **Tropen**.
Hier herrscht das ganze Jahr über
ein feuchtwarmes Klima.
Die Temperatur liegt immer
bei ungefähr 25 Grad Celsius.

In den Tropen findet man
einen dicht gewachsenen,
immergrünen Wald: den Regenwald.
Hier gibt es jeden Tag starke Regenfälle.
Denn durch die Wärme am Äquator
verdunstet ständig sehr viel Wasser.
So bilden sich dicke Wolken.
Sie regnen ihr Wasser
über dem Regenwald wieder ab.

Faultier

Der Regenwald ist Lebensraum für viele verschiedene Insekten, Vögel und Säugetiere.

Lebenswichtiger Wald

Die tropischen Regenwälder werden auch
die grüne Lunge unserer Erde genannt.
Sie filtern Kohlendioxid aus der Luft
und stellen große Mengen Sauerstoff her.
Den brauchen Menschen und Tiere zum Atmen.
Außerdem sind sie sehr gute Wasserspeicher.
Der Waldboden saugt nämlich Wasser auf
wie ein Schwamm.
Der Schutz des Regenwaldes ist also
für uns alle besonders wichtig.

Wandelndes Blatt

Erdbeerfröschchen

Tukan

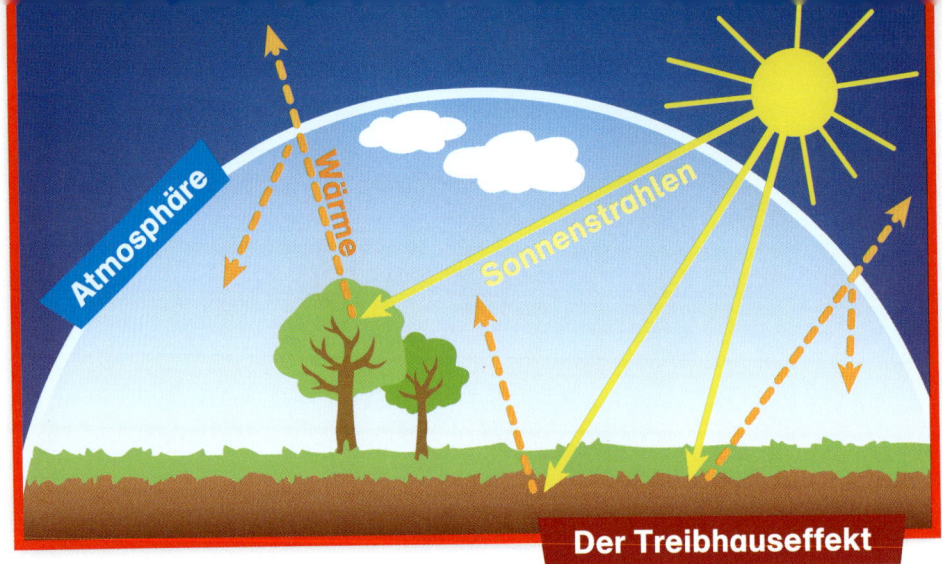

Atmosphäre

Wärme

Sonnenstrahlen

Der Treibhauseffekt

Das Klima verändert sich

Hast du schon einmal den Begriff
„Treibhauseffekt" gehört?
Dieser Effekt ist dafür verantwortlich,
dass es auf der Erde warm genug ist,
damit Leben entstehen kann.

Die Atmosphäre enthält nämlich
sogenannte Treibhausgase,
vor allem Kohlendioxid und Methan.
Wenn die Sonne die Erde bestrahlt,
halten diese Gase die Wärme zurück.
Wie das Glasdach in einem Treibhaus.

Doch wir Menschen verändern
den natürlichen Treibhauseffekt
durch unsere Lebensweise.

Vom Menschen verursacht

Es gelangen immer mehr
Treibhausgase in die Luft:
durch die vielen Autos auf den Straßen,
die Flugzeuge und Fabriken
und auch durch das Heizen unserer Wohnungen.
So erwärmt sich die Erde immer weiter.

Klimaforscher warnen vor der Erderwärmung.
Denn dadurch können in vielen Gebieten
Überschwemmungen oder Dürren auftreten.
Menschen und Tiere verlieren dann
ihren Lebensraum und müssen flüchten.
Um die Erwärmung der Erde zu stoppen,
müssen wir Menschen vor allem Energie sparen.

Öfter mal zu Fuß gehen – das ist gut für unser Klima!

Solarzellen und Windräder erzeugen umweltfreundliche Energie.

Sag mal, Willi ...

... du bist ja schon viel in der Welt herumgekommen. Hast du eigentlich einen Lieblingsort?

Nein, den habe ich nicht. Es gibt so viele tolle Orte auf dieser Welt! Ich mag die Berge und das Meer. Den Mount Everest würde ich gern mal besteigen.
Oder zum tiefsten Punkt der Erde in den Marianengraben abtauchen.
Das wär' bestimmt aufregend!

Welche Zeit hättest du gern miterlebt?

Ich würde gern mal in der Steinzeit vorbeischauen und mich mit den Menschen unterhalten. Die hatten damals ein richtig hartes Leben. In den Höhlen war es bestimmt immer schrecklich kalt. Genial, dass die Menschen dann gelernt haben, Feuer zu machen und Werkzeuge herzustellen.

Auf deinen Reisen bist du doch bestimmt schon
vielen Tieren begegnet, oder?

Ja, das stimmt. Es gibt wirklich so viele
verschiedene Tiere auf der Erde.
Ganz besonders toll sind die,
die in extremer Hitze oder Kälte
überleben können.
Was diese Tiere für Tricks draufhaben –
echt super! Das ist ja schon fast
wie im Überlebenscamp!

Würdest du denn auch gern mal ins All fliegen?

Auf jeden Fall! Einmal von einem Raumschiff
aus die Erde sehen – das muss toll sein!
Die Meere, die Kontinente und die vielen Lichter
der Städte in der Nacht ...
Du siehst: Ich bin für jedes Abenteuer zu haben!

Danke, Willi!
Und noch viel Spaß beim Reisen!

Hast du gut aufgepasst? Dann ran ans Lesequiz!

Willis großes Lesequiz

1 **Wie sieht es im Inneren der Erde aus?**

a) Die Erde ist hohl.

b) Unter der Erdoberfläche befindet sich Eis.

c) Sie ist innen glühend heiß.

2 **Wie heißt die Kraft auf der Erde, die alles nach unten zieht?**

a) Bodenkraft

b) Schwerkraft

c) Fallkraft

3 **Wo liegt der kälteste Ort der Erde?**

a) In der Arktis.

b) In der Antarktis.

c) Im Pazifischen Ozean.

Lösung: 1c), 2b), 3b)

4 **Wie viel Prozent der Erdoberfläche sind mit Wasser bedeckt?**

a) Etwa 70 Prozent.

b) Etwa 50 Prozent.

c) Etwa 30 Prozent.

5 **Woraus besteht die Erdkruste?**

a) Sie besteht aus Wasser.

b) Sie besteht aus mehreren Erdplatten.

c) Sie ist eine glatte, ebene Hülle.

6 **Wie heißt das heiße, flüssige Gestein, das in einem Vulkan nach oben steigt?**

a) Magnus

b) Magnum

c) Magma

Lösung: 4a), 5b), 6c)

7 **Was zählt nicht zu den Bodenschätzen?**

a) Erdöl

b) Eisenerz

c) Getreide

8 **Wo treffen die Sonnenstrahlen senkrecht auf die Erde?**

a) Am Äquator.

b) Am Nordpol.

c) In Mitteleuropa.

9 **Wie viele Klimazonen gibt es auf der Erde?**

a) vier

b) fünf

c) sechs

Lösung: 7c), 8a), 9b)

10 **In welcher Klimazone leben wir?**

a) In den Subtropen.

b) In der gemäßigten Zone.

c) In der Polarzone.

11 **Warum hat der Wüstenfuchs so große Ohren?**

a) Damit kann er Käfer auf dem Sand laufen hören.

b) Damit kann er die Hitze gut aushalten.

c) Damit wärmt er sich in der Nacht.

12 **Was fördert die Erderwärmung?**

a) Glashauseffekt

b) Wärmeeffekt

c) Treibhauseffekt

Lösung: 10b), 11b), 12c)

Bildquellennachweis

Alfred-Wegener-Institut: 12ur (Stefan Hendricks), 44 (Stefan Hendricks), 45 (Sepp Kipfstuhl), 46-47 (Polarstern: Thomas Krumpen/ CC-BY 4.0), 46 (Landepatz: Thomas Ronge), 47 (Brücke: Stefan Hendricks), 47 (Labor: Stefan Hendricks), 48o (Stefan Christmann/CC-BY 4.0), 48u (Stefan Christmann/ CC-BY 4.0), 52 (Wetterballon: René Buergi), 63 (Stefan Christmann/CC-BY 4.0); **picture alliance:** 19ml (Yuri Smityuk/TASS/dpa), 31 (Minden Pictures/ Norbert Wu), 41u (akg-images), 42 (akg-images), 102ol (Lucy: AP Photo/Pat Sullivan, File); **Shutterstock:** 4-5 (MrPhotoMania), 6ol (Designua), 7ur (V. Belov), 7ur (Kreis: Petri jauhiainen), 8ul (Eislandschaft: Denis Burdin), 9ur (angelinast), 9or (ugljesa), 10or (ugljesa), 10u (Wayne Morris), 11ur (I. Noyan Yilmaz), 11or (Jan Martin Will), 12ml (Curioso), 13ol (posteriori), 13mr (Geraldas Galinauskas), 13ul (Pics-xl), 14or (sirtravelalot), 14ul (Vadim Nefedoff), 16-17 (Jang Taelin), 18o (Andrew Sutton), 19ur (Luna Vandoorne), 19or (Paul S. Wolf), 20ol (Silvia Pascual), 20ur (Sergey 402), 21ol (TravelMediaProductions), 21om (Ellen Rykers), 21or (Tetyana Dotsenko), 22o (Vlad G), 23ul (Alexey Seafarer), 23or (KARI K), 24or (james_stone76), 24ul (polarman), 25or (Enrique Aguirre), 25ur (tryton2011), 26u (Polarfuchs Winter: Andrew Astbury), 26u (Polarfuchs Sommer: Ondrej Prosicky), 26u (Polarhase Winter: sirtravelalot), 26 (Polarhase Sommer: Antero Topp), 27or (Mircea Costina), 27u (evgenii mitroshin), 28ul (Coatesy), 28ur (Xavier Boluda), 29o (Giedriius), 30ol (Choksawatdikorn), 30ur (Blauwal: Rich Carey), 32 (Erin Crum), 33o (Russell Tur), 33ul (gary yim), 34ul (Alexander Piragis), 34or (ET1972), 35ol (Himmelsleiter: Nick Pecker), 35ml (Arktischer Mohn: Vladimir Melnik), 35ur (Zwergbirke: Irina Borsuchenko), 38-39 (Stu Shaw), 50-51 (Ritesh Chaudhary), 53u (ValentinaKru), 54ur (FloridaStock), 55o (Santanor), 55u (Todd Hackwelder), 56 (Ondrej Prosicky), 57ul (LeManna), 57o (Kodda), 61o (sirtravelalot), 61u (Silvia Pascual), 62 (polarman), 68-69 (sdecoret), 70 (Triff), 71o (Roberto Rizzo), 72o (Diego Barucco), 72ur (Helioscribe), 73o (Nikolay Zaborskikh), 74-75 (VectorMine), 76u (Siberian Art), 77o (Weltkugel: vectorplus), 78ml (Antarktis: Volodymyr Goinyk), 78ml (Wüste Dascht-e Lut: nicolasdecorte), 78or (best works), 78ur (Harvepino), 80-81 (Roberto Destarac Photo), 82m (leonello calvetti), 83or (Budkov Denis), 84o (Peter Hermes Furian), 85or (Hoiseung Jung), 86-87 (Palo_ok), 88mr (canadastock), 89or (gnoparus), 89u (beboy), 90or (Braunkohle: Kletr), 90mr (Eisenerz: Aleksandr Pobedimskiy), 90mr (Kupfererz: FlatlandPic), 90u (Bohrinsel: Marius Dobilas), 91or (Diamantenmine: Jennifer Sophie), 91mr (Rohdiamant: Bjoern Wylezich), 91ur (Brillantschliff: Manutsawee Buapet), 92or (Johan Swanepoel), 92ur (frantisekhojdysz), 93u (3xy), 94u (Traveller Martin), 96-97 (krasky), 98ol (Rattiya Thongdumhyu), 99mr (Schwamm: Jolanta Wojcicka), 100ol (Grünalgen: Rich Carey), 100om (Lebermoos: Ryoko Fujiwara), 100or (Farn: Stefan Holm), 101u (Elenarts), 102or (Orang-Utans: Katesalin Pagkaihang), 103o (Roni Setiawan), 104ul (Lascaux: R Harvey), 104ur (Food Impressions), 106-107 (Ksenia Ragozina), 109o (Aphelleon), 110ml (Arktis: VanderWolf Images), 110mr (Antarktis: Volodymyr Goinyk), 111ol (Pinguine: Volodymyr Goinyk), 111or (Eisbären: Gecko1968), 112o (Dmitry Chulov), 112ol (Gregory A. Pozhvanov), 113o (Taiga: Serg Zastavkin), 113r (Wolf: Dushenina), 113mr (Elch: lehvis), 113ur (Bär: ArCaLu), 114ul (Frühling: Suriya Wattanalee), 114um (Sommer: Klymenok Olena), 114ur (Herbst: Rafal Olkis), 114ur (Winter: Suratwadee Rattanajarupak), 115ol (Bergwiese: Nataliia Melnychuk), 115or (Junge Amseln: swake), 116 (Eugen Haag), 117om (Dromedar: Pearl-diver), 117or (Kaktus: Richard Trible), 117ur (Fennek: hagit berkovich), 118o (sittitap), 119o (Cuson), 119ul (Tukan: Oleksiy Mark), 119um (Wandelndes Blatt: Dorcus), 119ur (Erdbeerfröschchen: Dirk Ercken), 121ur (Windpark: Angela Rohde), 124mr (Antarktis: Volodymyr Goinyk), 125u (beboy), 126 (Triff), 127 (Fennek: hagit berkovich); **Thinkstock:** 43ur (Dorling Kindersley/Sallie Alane Reason), 99u (Versteinerung: rustyfox), 121um (Solarzellen: Josef Becker/iStockphoto); **Wikipedia:** 30ul (Krill: CC-BY-SA-3.0-migrated/Uwe Kils), 35or (Kalksandkraut: CC-BY-SA-3.0/Bjoertvedt), 36ol (CC-BY-SA-2.0/ Liam Quinn), 36ur (CC-BY-SA-3.0/ Sharon Chester), 40o (Public Domain), 40mr (NOAA/ Public Domain), 54o (NASA/ Public Domain), 99or (Qualle: CC BY 2.0/Francesco Crippa), 108u (CC BY-SA 3.0/LordToran)
Umschlagfotos: Colourbox: U1 (Erde: 79711); **Shutterstock:** U1 (Pinguine: Gaearon Tolon), U4 (Polarfuchs: JoannaPerchaluk), U4 (Elefant: Graeme Shannon)

Text: Christina Braun
Lektorat: Sonja Meierjürgen, Inga Klingner
Illustrationen: Ruth Koch, Annelie Stenzel
Bildredaktion: Christine Schmidt-Rudloff, Susanne Wiechert
Gestaltung: Ruth Koch, Annelie Stenzel
Umschlaggestaltung: Ruth Koch

ISBN 978-3-7886-7682-7

FSC
www.fsc.org
MIX
Papier aus verantwortungsvollen Quellen
FSC® C002795

Kennst du schon unsere beliebten Einzelbände?